JN144399

Sweet Glasritzen

グラスリッツェンに憧れて

井上 裕子編

井上裕子　「アリス」

はじめに ――――― 井上 裕子

長い間ガラスを彫る仕事をしていますと、新しいデザインを生み出す難しさにしみじみ悩む事があります。私自身、彫り上げた作品に決して満足という文字はなく、何を言っても言い訳のような気がして、いつも我が身の非力さを痛感します。

そんな中、今回グラスリッツェン作品を一冊の本としてまとめる機会を得ました。時間の足りなさに焦り、時には越え難いハードルに涙が止まらない夜もありました。それでも撮影を繰り返しページが積み重なっていきます。前進後退を味わいながら、少しずつまとまっていく過程の中で、一つ一つの作品が持つ美しさに、ふと手を止めてしまう自分がいることは新鮮な驚きでした。数々の出品作品はまぎれも無く96名の想いと努力が込められています。

大量の資料に埋もれながら、それら大切な作品を作品集という形で送り出せる幸せに感動しつつ、いま私は自分自身に満足という言葉を添えたいと思います。

出版にあたり多くを協力してくださった菊地小夜子氏とマコー社編集部、長期間の撮影にも笑顔を絶やさなかった田島昭カメラマン、美しい色彩に仕上げて下さったPDの吉崎典一氏、そして何より優美な作品制作者95名のグラスリッツェン作家の方々に心より御礼申し上げ、感謝の言葉を贈ります。

井上裕子 「ドイリー」

井上裕子　上「成熟」
　　　　　下「アスコットモーニング」

井上裕子　「シンデレラ」

井上裕子　「神獣」

井上裕子　「若き皇帝」

井上裕子　「スカーレット」

井上裕子 「皇后の座」

廣木美智子　上「バラのボンボニエール」
左「午後のひととき」

佐々木由紀　「正餐の余韻」

長沼祐子　「ワイン醸造」

上／八木三枝　「クリスマスイブ」
下／石野順子　「サンタさんお願い」

石野順子　「花の香に包まれて」

COMMON PRAYER
HYMNS A & M
Canada
Roshiya
America
Shina
Alaska
Atlantic Ocean
Cuba
Chin
Japan
Cambodia
Formosa
Peru
Brazil
Philippines
Borneo
Argentina

稲冨　茂「ペリー来航」

河野葉子　「大航海時代」

中根　恵「ジョセフィーヌ」

吉田美加　「クリスマスを夢みて」

武内洋子　「黄色の花瓶」

川野英子　「クチュール」

石川幸子　「アフタヌーンブレイク」

雙田幸子　「晩秋」

上／松野良子　「オーディション」
下／石田けい子　「薔薇と少女」

鵜飼いずみ　「小路の散歩」

左／竹内美穂子　「蜂と葡萄」
右／儘田和枝　「フランボワーズ」

池上啓子　「La rose noire」

上 / 赤名素子 「胡蝶」
下 / 大久保愛子 「香炉」

中部美智子　「ドレスデン」

左 / 神山和子　「エルベの輝き」
右 / 那須　恵　「すみれの夢」

上 / 大久友希江　「ブリリアントカット」

左 / 吉田万利子 「メトロポリテーヌ」
右 / 赤名素子 「胡蝶の夢」

妹尾登貴子 「Heart Shape」

井﨑恵津子　「つぐみ」

上 / 柳本純子　「白木蓮」、下 / 瀬下ミツ子　「総督の隊列」

中部美智子　「森のきのこ達」

左から / 八木三枝　「ポニー」、柴田　契　「ライオン」、皆川　翠　「ぶどう」
佐藤留美子　「扇面」、井植準子　「ドット」、河野葉子　「羽根」

上左／宮崎光子　「花園」、上右／峯田恵美子　「花の香り」
下左／澤田康子　「リボンレース」、下右／牛場千賀　「龍」

春名和代　「いろどり」

松本恵美子　「春のお散歩」

瀬下ミツ子　「ヴェネツィア」

長沼祐子　「想い出を閉じ込めて」

長沼祐子 「トランプ」

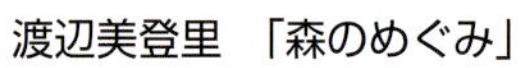

渡辺美登里　「森のめぐみ」

小泉智子　「貴婦人の宝石箱」

新垣洋子　「フローラルのときめき」

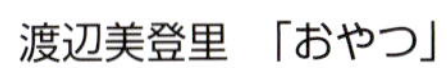

渡辺美登里　「おやつ」

松島千恵　「Under The Rose」

佐々木由紀　「初夏のはなやぎ」

尾﨑ひろ子　「櫻浪漫」

櫻井俊子　「吉祥三観音」

荒木久美恵　「瑞相」

井植準子　「大徳寺・龍」

皆川　翠「天龍寺・龍」

名取ふみ江　「普賢菩薩」

上 / 名取ふみ江　「アネモネ」
下 / 西澤眞理　「春爛漫」

蒔田公子　「菊姿大鉢」

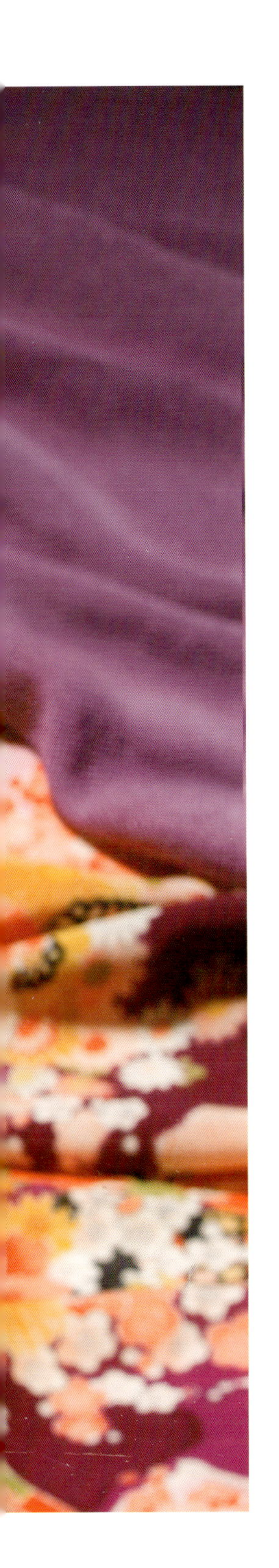

柴田　契「京の花」

上 / 長谷川敏子　「モダンガール」
下 / 松井悦子　「語らい」

松本加代子　「ファンタジー」

西川紗波　「アンティークファニチャー」

明神典子　「Grace」

髙橋玖子　「昼下がり」

上 / 青山祐子　「騎士とドラゴン」
下 / 金子美咲緒　「パレード」

松本恵美子　「ドンキホーテ」

蒔田公子　「花暦」

井上裕子　「早春期」

栗岩宏美　「飛鳥の時代」

峯田恵美子　「ローズE」

吉田時子　「アランソンレース」

佐藤こず枝 「ぼたん・倖（さきわい）」

井上裕子 「印章」

青木マリ子 「四季の花・冬」

吉田時子 「Treasure」

柳本純子 「四季の花・秋」

瀬下ミツ子 「四季の花・夏」

青木マリ子 「黄雀(こうじゃく)」

上・中／井上裕子　「カップケーキ」・「スウィーツプリーズ」
下／渡辺美佐子　「ビスクドール」

上／森田裕子　「perfume」
下／名倉博美　「Queen」

髙橋郁子　「Cadre」

上／水原朋子　「Tの章」
中／加登屋律子　「Kの章」
下／堀口美雪　「Mの章」

八木三枝 「読書」

皆川　翠　「時計うさぎ」

青木マリ子　「金魚の波紋」

峯田恵美子　「花の流れ」

垣本和子 「涼風」

石川幸子　「母への贈り物」

加藤英子　「梅とメジロ」

加藤英子 「女人」

石寺幸子　「都おどり」

石寺幸子　「ぼたんの咲く庭」

安藤カツ子　「シルクロードの伝承」

星谷登世子　「至福のとき」

城　薫子「聖夜」

森下須美子　「シードパールの輝き」

森下須美子　「ジュエリーに憧れて」

石川ゆかり　「サルベルジーナ」

今井まゆみ　「アニマル」

長谷川敏子　「水辺のハーモニー」

石川幸子　「ブランチ」

松﨑正勝　「西風に乗って」

青山祐子 「色とりどり」

川野英子　「音楽隊」

林　恵美子　「貴婦人とレース」

上／渡辺美登里　「フラワーストーリーズ」
下／西村紀子　「わしといたずらキルディーン」

朝倉八枝子　「白鳥の女王との約束」

鈴木孝子 「Zébra」

横井喜代子　「チェックメイト」

廣木美智子　「カサブランカ」

横山多加子　「東欧の春」

鶴島恵津子　「風神雷神」

中村時子　「しかみと小面」

吉田時子 「雙葉葵」

上 / 垣本和子 「龍神」
下 / 浅井かよ子 「ムサシ」

新垣洋子　「蓮池観音」

柳本純子　「蝙蝠（こうもり）の塔」

名和佳子　「平等院を訪ねて」

松井悦子　「初節句」

榊原弓子 「優美」

橋本良子 「ファセット・クリスタル」

渡辺和美　「京野菜」

加藤照美 「柘榴」

上 / 北川芳子 「鳥獣戯画によせて」

左・上／丸山すみれ 「菊づくし」

井上裕子　上「神記」、下「目眩」

井上裕子 「黒すぐり」

井上 裕子 主宰／グラスリッツェンフィールド協会　電話 03-3718-0486

出品者一覧 （アイウエオ順）

氏　名	作品名	掲載頁	氏　名	作品名	掲載頁	氏　名	作品名	掲載頁
青木マリ子	四季の花・冬	62	榊原　弓子	優美	105	星谷登世子	至福のとき	79
〃	黄雀（こうじゃく）	63	櫻井　俊子	吉祥三観音	46	堀口　美雪	Mの章	67
〃	金魚の波紋	70	佐々木由紀	正餐の余韻	12	蒔田　公子	菊姿大鉢	52
青山　祐子	騎士とドラゴン	59	〃	初夏のはなやぎ	44	〃	花暦	60
〃	色とりどり	87	佐藤こず枝	ぼたん・倖（さきわい）	62	松井　悦子	語らい	54
赤名　素子	胡蝶	28	佐藤留美子	扇面	35	〃	初節句	104
〃	胡蝶の夢	31	澤田　康子	リボンレース	36	松崎　正勝	西風に乗って	86
浅井かよ子	ムサシ	99	柴田　契	ライオン	35	松島　千恵	Under The Rose	43
朝倉八枝子	白鳥の女王との約束	91	〃	京の花	53	松野　良子	オーディション	24
荒木久美恵	瑞相	47	城　薫子	聖夜	80	松本恵美子	春のお散歩	38
安藤カツ子	シルクロードの伝承	78	鈴木　孝子	Zébra	92	〃	ドンキホーテ	60
池上　啓子	La rose noire	27	瀬下ミツ子	総督の隊列	33	松本加代子	ファンタジー	55
井﨑恵津子	つぐみ	32	〃	ヴェネツィア	39	儘田　和枝	フランボワーズ	26
石川ゆかり	サルベルジーナ	81	〃	四季の花・夏	63	丸山すみれ	菊づくし	109
石川　幸子	アフタヌーンブレイク	22	妹尾登貴子	Heart Shape	31	皆川　翠	ぶどう	35
〃	母への贈り物	73	雙田　幸子	晩秋	23	〃	天龍寺・龍	49
〃	ブランチ	85	髙橋　郁子	Cadre	66	〃	時計うさぎ	69
石田けい子	薔薇と少女	24	髙橋　玖子	昼下がり	58	峯田恵美子	花の香り	36
石寺　幸子	都おどり	76	竹内美穂子	蜂と葡萄	26	〃	ローズE	61
〃	ぼたんの咲く庭	77	武内　洋子	黄色の花瓶	20	〃	花の流れ	71
石野　順子	サンタさんお願い	14	鶴島恵津子	風神雷神	96	水原　朋子	Tの章	67
〃	花の香に包まれて	15	中根　恵	ジョセフィーヌ	18	宮崎　光子	花園	36
稲冨　茂	ペリー来航	16	中部美智子	ドレスデン	29	明神　典子	Grace	57
井植　準子	ドット	35	〃	森のきのこ達	34	森下須美子	シードパールの輝き	81
〃	大徳寺・龍	48	中村　時子	しかみと小面	97	〃	ジュエリーに憧れて	81
今井まゆみ	アニマル	82	長沼　祐子	ワイン醸造	13	森田　裕子	perfume	65
鵜飼いずみ	小路の散歩	25	〃	トランプ	40	八木　三枝	クリスマスイブ	14
牛場　千賀	龍	36	〃	想い出を閉じ込めて	40	〃	ポニー	35
大久保愛子	香炉	28	名倉　博美	Queen	65	〃	読書	68
大久友希江	ブリリアントカット	30	那須　恵	すみれの夢	30	柳本　純子	白木蓮	33
尾﨑ひろ子	櫻浪漫	45	名取ふみ江	普賢菩薩	50	〃	四季の花・秋	63
垣本　和子	涼風	72	〃	アネモネ	51	〃	蝙蝠（こうもり）の塔	101
〃	龍神	99	名和　佳子	平等院を訪ねて	102	横井喜代子	チェックメイト	93
加藤　照美	柘榴	107	新垣　洋子	フローラルのときめき	42	横山多加子	東欧の春	95
加藤　英子	梅とメジロ	74	〃	蓮池観音	100	吉田　時子	アランソンレース	61
〃	女人	75	西川　紗波	アンティークファニチャー	56	〃	Treasure	63
加登屋律子	Kの章	67	西澤　眞理	春爛漫	51	〃	雙葉葵	98
金子美咲緒	パレード	59	西村　紀子	わしといたずらキルディーン	90	吉田万利子	メトロポリテーヌ	31
神山　和子	エルベの輝き	30	橋本　良子	ファセット・クリスタル	105	吉田　美加	クリスマスを夢みて	19
川野　英子	クチュール	21	長谷川敏子	モダンガール	54	渡辺　和美	京野菜	106
〃	音楽隊	88	〃	水辺のハーモニー	84	渡辺美佐子	ビスクドール	64
北川　芳子	鳥獣戯画によせて	108	林　恵美子	貴婦人とレース	89	渡辺美登里	森のめぐみ	42
栗岩　宏美	飛鳥の時代	61	春名　和代	いろどり	37	〃	おやつ	43
小泉　智子	貴婦人の宝石箱	42	廣木美智子	午後のひととき	10	〃	フラワーストーリーズ	90
河野　葉子	大航海時代	17	〃	バラのボンボニエール	11			
〃	羽根	35	〃	カサブランカ	94			

グラスリッツェンに憧れて

編　者　井上　裕子（いのうえ ゆうこ）

平成28年12月5日発行

発行者　田　波　清　治

印刷所　大日本印刷株式会社　撮影／田島　昭（タジマスタジオ）　PD／吉崎典一（DNP）　編集／菊地小夜子　田波美保

発行所　株式会社 マ コ ー 社　〒113-0033　東京都文京区本郷4－13－7

TEL　東京（03）3813－8331
FAX　東京（03）3813－8333
郵便振替／00190－9－78826

ISBN978-4-8377-0116-3